Impressum
Verlag: BABADADA GmbH, Nedderfeld 112 , 22529 Hamburg
Geschäftsführer / Verlagsleitung: Harald Hof
Druck: Books on Demand GmbH, In de Tarpen 42, 22848 Norderstedt

Imprint
Publisher: BABADADA GmbH, Nedderfeld 112 , 22529 Hamburg, Germany
Managing Director / Publishing direction: Harald Hof
Print: Books on Demand GmbH, In de Tarpen 42, 22848 Norderstedt, Germany

skole

die Schule

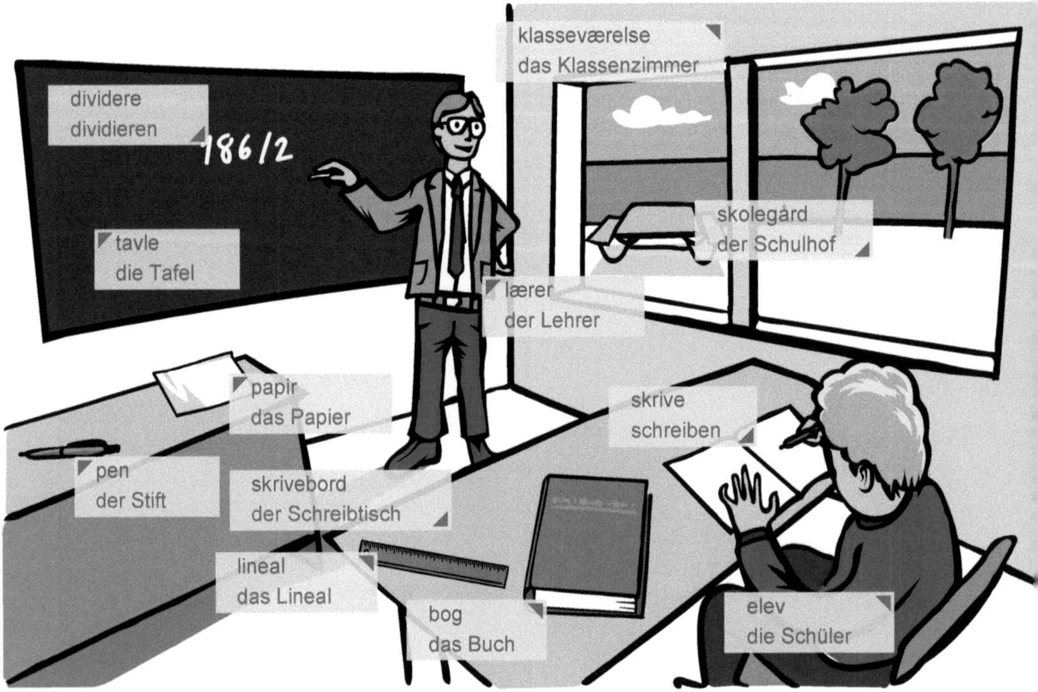

klasseværelse
das Klassenzimmer
dividere
dividieren
186/2
tavle
die Tafel
skolegård
der Schulhof
lærer
der Lehrer
papir
das Papier
skrive
schreiben
pen
der Stift
skrivebord
der Schreibtisch
lineal
das Lineal
bog
das Buch
elev
die Schüler

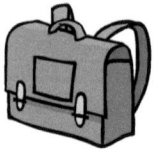

skoletaske

der Ranzen

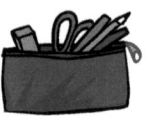

penalhus

die Federmappe

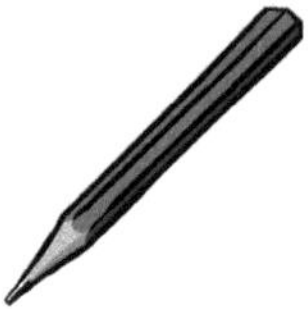

blyant

der Bleistift

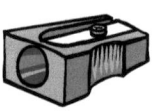

blyantspidser

der Bleistiftanspitzer

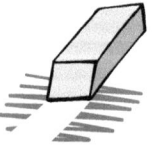

viskelæder

das Radiergummi

tegneblok

der Zeichenblock

tegning

die Zeichnung

pensel

der Pinsel

æske med vandfarver

der Malkasten

saks

die Schere

lim

der Klebstoff

opgavehefte

das Übungsheft

lektie

die Hausaufgabe

tal

die Zahl

addere

addieren

subtrahere

subtrahieren

multiplicere

multiplizieren

regne

rechnen

bogstav

der Buchstabe

alfabet

das Alphabet

ord

das Wort

tekst

der Text

læse

lesen

kridt

die Kreide

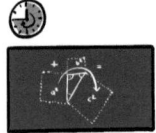

time

die Stunde

klasseprotokol

das Klassenbuch

eksamen

die Prüfung

karakterbog

das Zeugnis

skoleuniform

die Schuluniform

uddannelse

die Ausbildung

leksikon

das Lexikon

universitet

die Universität

mikroskop

das Mikroskop

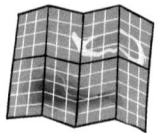

kort

die Karte

papirkurv

der Papierkorb

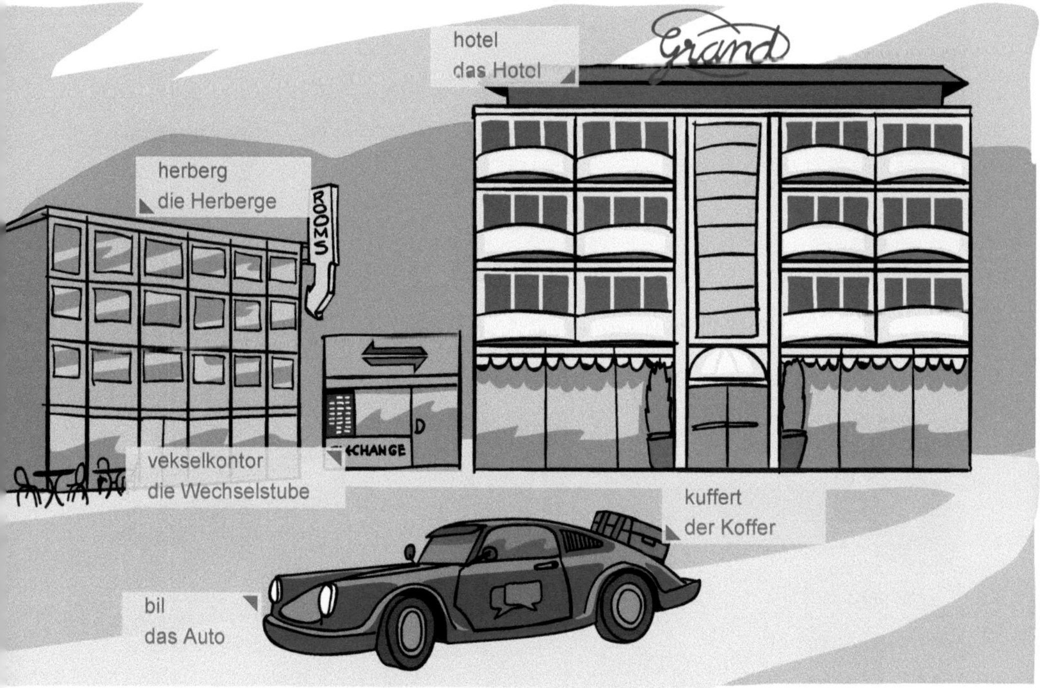

hotel
das Hotel
Grand
herberg
die Herberge
ROOMS
vekselkontor
die Wechselstube
kuffert
der Koffer
bil
das Auto

sprog
die Sprache

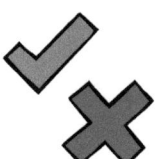

ja / nej
ja / nein

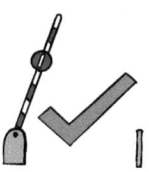

okay
Okay

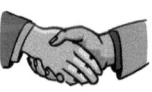

hej
Hallo

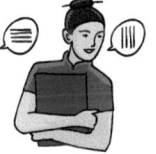

oversætter
der Übersetzer

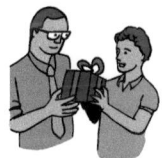

tak
Danke

hvad koster...?

Was kostet...?

Jeg forstår ikke

Ich verstehe nicht

problem

das Problem

God aften!

Guten Abend!

God morgen!

Guten Morgen!

God nat!

Gute Nacht!

farvel

Auf Wiedersehen

retning

die Richtung

bagage

das Gepäck

taske

die Tasche

rygsæk

der Rucksack

gæst

der Gast

værelse

das Zimmer

sovepose

der Schlafsack

telt

das Zelt

turistinformation

die Touristeninformation

strand

der Strand

kreditkort

die Kreditkarte

morgenmad

das Frühstück

middagsmad

das Mittagessen

aftensmad

das Abendessen

billet

die Fahrkarte

elevator

der Fahrstuhl

frimærke

die Briefmarke

grænse

die Grenze

told

der Zoll

ambassade

die Botschaft

visum

das Visum

pas

der Pass

transport
der Transport

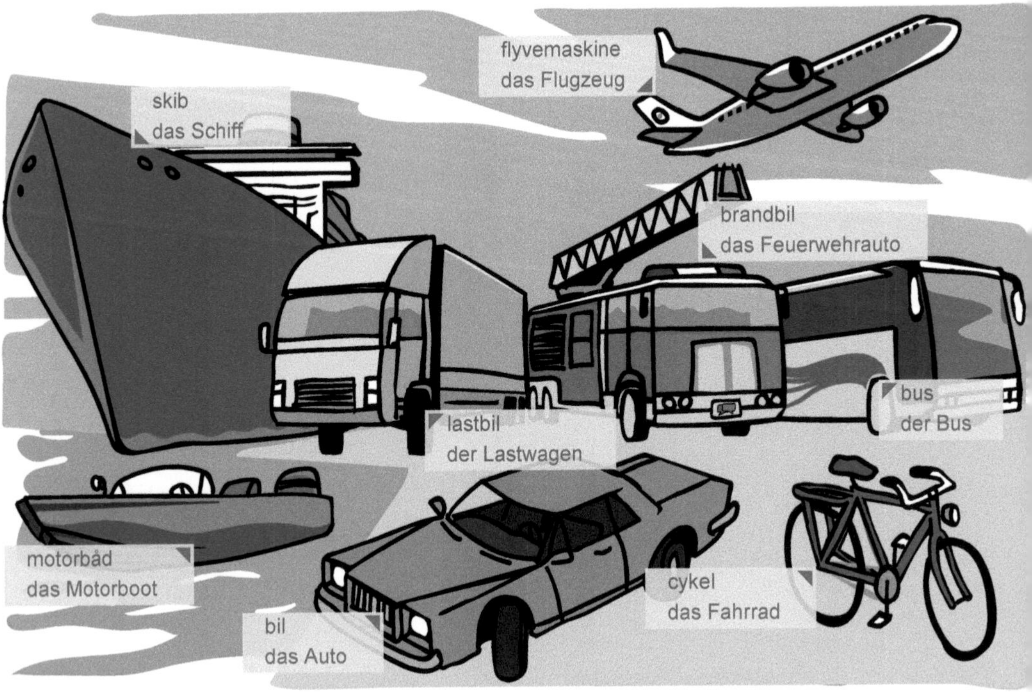
flyvemaskine
das Flugzeug
skib
das Schiff
brandbil
das Feuerwehrauto
bus
der Bus
lastbil
der Lastwagen
motorbåd
das Motorboot
cykel
das Fahrrad
bil
das Auto

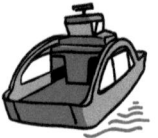

færge
die Fähre

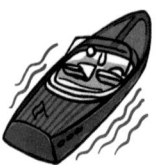

båd
das Boot

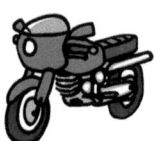

motorcykel
das Motorrad

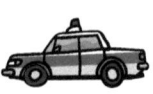

politibil
das Polizeiauto

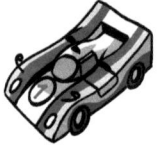

racerbil
das Rennauto

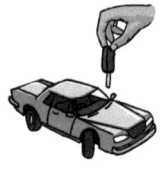

lejebil
der Mietwagen

samkørsel

das Carsharing

kranbil

der Abschleppwagen

skraldebil

das Müllauto

motor

der Motor

benzin

der Kraftstoff

tankstation

die Tankstelle

trafikskilt

das Verkehrsschild

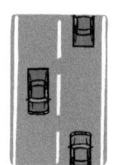

trafik

der Verkehr

trafikprop

der Stau

parkeringsplads

der Parkplatz

banegård

der Bahnhof

skinner

die Schienen

tog

der Zug

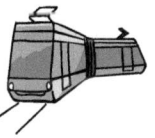

sporvogn

die Straßenbahn

wagon

der Wagon

helikopter

der Helikopter

lufthavn

der Flughafen

tårn

der Tower

passager

der Passagier

container

der Container

karton

der Karton

kærre

der Karren

kurv

der Korb

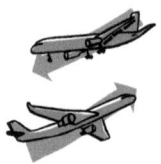

starte / lande

starten / landen

by
die Stadt

landsby

das Dorf

bymidte

das Stadtzentrum

hus

das Haus

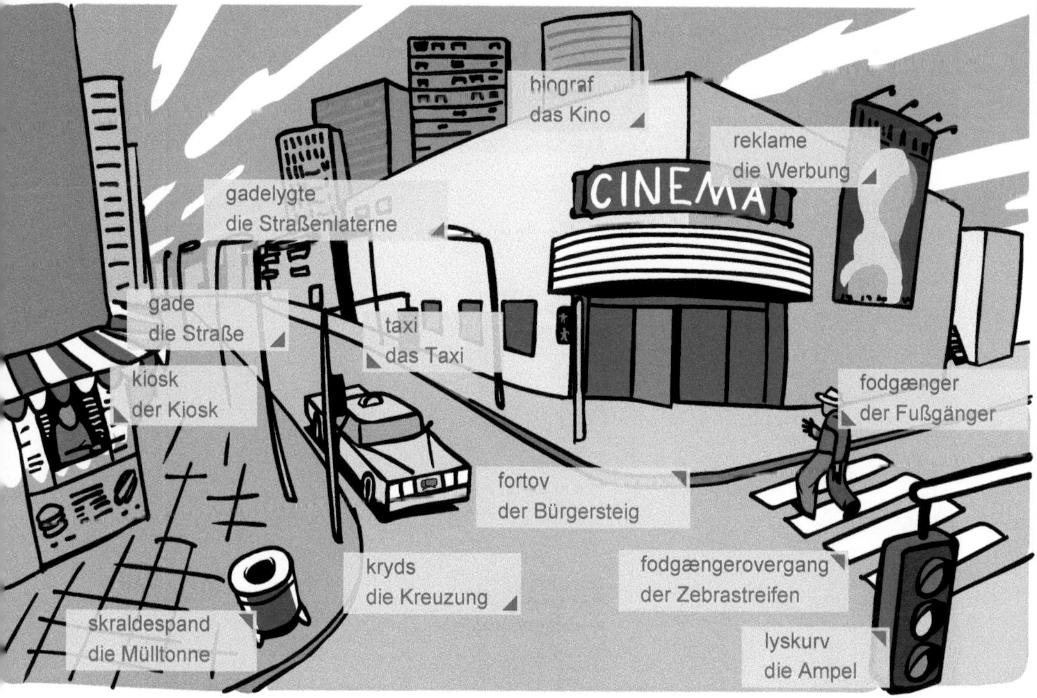

biograf
das Kino

reklame
die Werbung

gadelygte
die Straßenlaterne

gade
die Straße

taxi
das Taxi

kiosk
der Kiosk

fodgænger
der Fußgänger

fortov
der Bürgersteig

kryds
die Kreuzung

fodgængerovergang
der Zebrastreifen

skraldespand
die Mülltonne

lyskurv
die Ampel

CINEMA

hytte
die Hütte

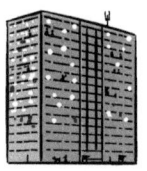

lejlighed
die Wohnung

banegård
der Bahnhof

rådhus
das Rathaus

museum
das Museum

skole
die Schule

universitet

die Universität

bank

die Bank

sygehus

das Krankenhaus

hotel

das Hotel

apotek

die Apotheke

kontor

das Büro

boghandel

die Buchhandlung

butik

das Geschäft

blomsterbutik

der Blumenladen

supermarked

der Supermarkt

marked

der Markt

stormagasin

das Kaufhaus

fiskehandler

der Fischhändler

butikscenter

das Einkaufszentrum

havn

der Hafen

park
....
der Park

bænk
....
die Bank

bro
....
die Brücke

trappe
....
die Treppe

undergrundsbane
....
die U-Bahn

tunnel
....
der Tunnel

busstoppested
....
die Bushaltestelle

barnevogn
....
die Bar

restaurant
....
das Restaurant

postkasse
....
der Briefkasten

vejskilt
....
das Straßenschild

parkometer
....
die Parkuhr

zoo
....
der Zoo

badeanstalt
....
die Badeanstalt

moske
....
die Moschee

bondegård
der Bauernhof

miljøforurening
die Umweltverschmutzung

kirkegård
der Friedhof

kirke
die Kirche

legeplads
der Spielplatz

tempel
der Tempel

landskab
die Landschaft

blad
das Blatt

vejviser
der Wegweiser

vej
der Weg

eng
die Wiese

sten
der Stein

træ
der Baum

vandrer
der Wanderer

flod
der Fluss

græs
das Gras

blomst
die Blume

dal

das Tal

bjerg

der Berg

sø

der See

skov

der Wald

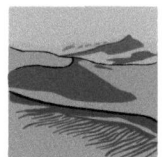

ørken

die Wüste

vulkan

der Vulkan

slot

das Schloss

regnbue

der Regenbogen

svamp

der Pilz

palme

die Palme

moskito

der Moskito

flue

die Fliege

myre

die Ameise

bi

die Biene

edderkop

die Spinne

landskab - die Landschaft

bille
....
der Käfer

frø
....
der Frosch

egern
....
das Eichhörnchen

pindsvin
....
der Igel

hare
....
der Hase

ugle
....
die Eule

fugl
....
die Vogel

svane
....
der Schwan

vildsvin
....
das Wildschwein

hjort
....
der Hirsch

elg
....
der Elch

dæmning
....
der Staudamm

vindmølle
....
das Windrad

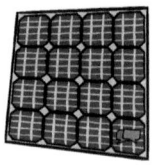

solcellemodul
....
das Solarmodul

klima
....
das Klima

landskab - die Landschaft

restaurant
das Restaurant

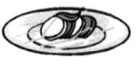

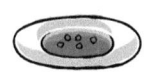

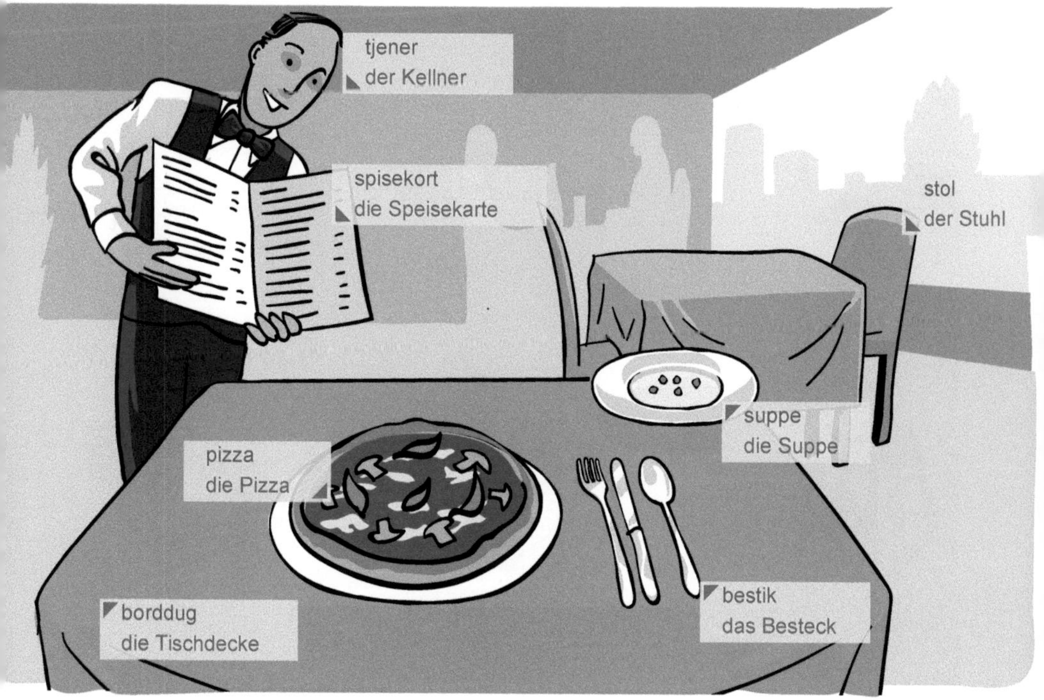
tjener
der Kellner
spisekort
die Speisekarte
stol
der Stuhl
suppe
die Suppe
pizza
die Pizza
borddug
die Tischdecke
bestik
das Besteck

forret

die Vorspeise

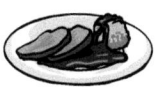

hovedret

das Hauptgericht

dessert

die Nachspeise

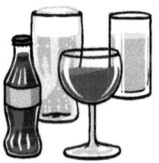

drikkevarer

die Getränke

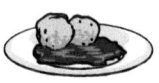

mad

das Essen

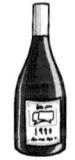

flaske

die Flasche

fastfood

das Fastfood

streetfood

das Streetfood

tekande

die Teekanne

sukkerdåse

die Zuckerdose

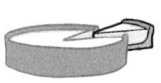

portion

die Portion

espressomaskine

die Espressomaschine

barnestol

der Hochstuhl

faktura

die Rechnung

tablet

das Tablett

kniv

das Messer

gaffel

die Gabel

ske

der Löffel

teske

der Teelöffel

serviet

die Serviette

glas

das Glas

tallerken

der Teller

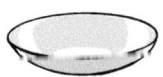

dyb tallerken

der Suppenteller

underkop

die Untertasse

sovs

die Sauce

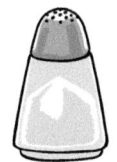

saltbøsse

der Salzstreuer

peberkværn

die Pfeffermühle

eddike

der Essig

olie

das Öl

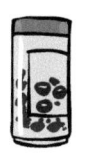

krydderier

die Gewürze

ketchup

das Ketchup

sennep

der Senf

mayonnaise

die Mayonnaise

supermarked

der Supermarkt

tilbud
das Angebot
FOR
kunde
der Kunde
mælkeprodukter
die Milchprodukte
frugt
das Obst
indkøbsvogn
der Einkaufswagen

BUTCHERS

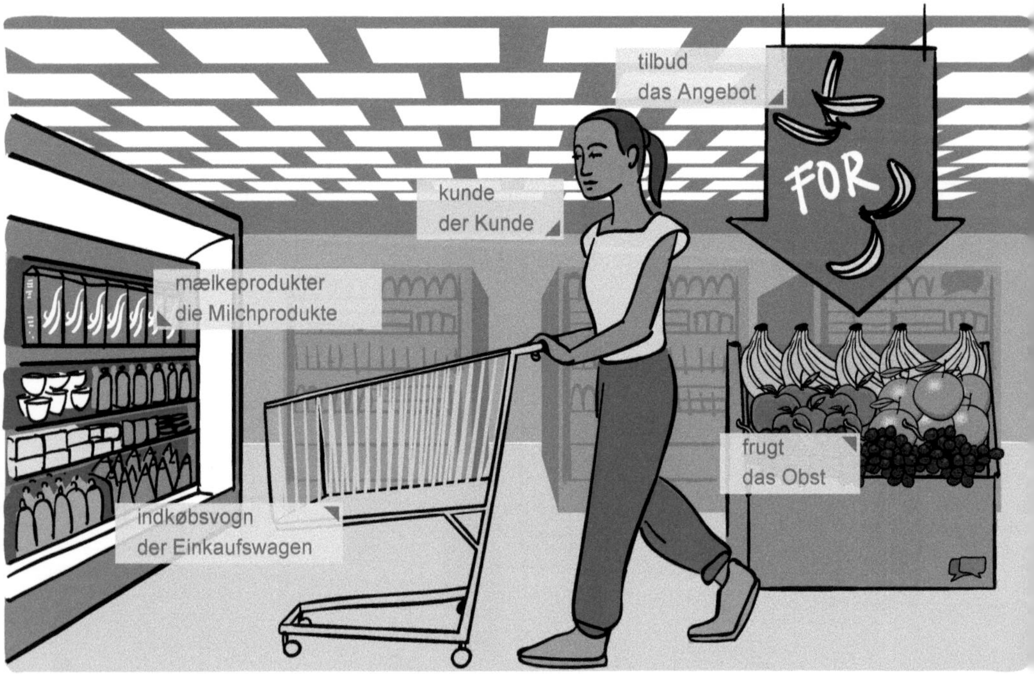

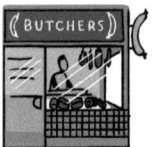

slagter

die Schlachterei

BAKERY

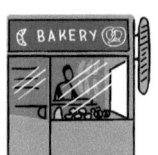

bageri

die Bäckerei

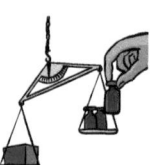

veje

wiegen

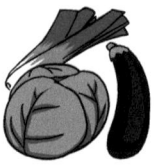

grøntsager

das Gemüse

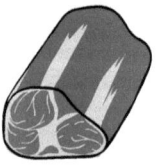

kød

das Fleisch

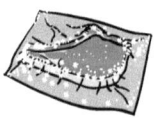

frostvarer

die Tiefkühlkost

pålæg
der Aufschnitt

konserves
die Konserven

vaskemiddel
das Waschmittel

slik
die Süßigkeiten

husholdningsvarer
die Haushaltsartikel

rengøringsmidler
das Reinigungsmittel

ekspedient
die Verkäuferin

kasse
die Kasse

kasserer
der Kassierer

indkøbsliste
die Einkaufsliste

åbningstider
die Öffnungszeiten

tegnebog
die Brieftasche

kreditkort
die Kreditkarte

taske
die Tasche

plasticpose
die Plastiktüte

vand
das Wasser

saft
der Saft

mælk
die Milch

cola
die Cola

vin
der Wein

øl
das Bier

alkohol
der Alkohol

kakao
der Kakao

te
der Tee

kaffe
der Kaffee

espresso
der Espresso

cappuccino
der Cappuccino

banan

die Banane

æble

der Apfel

appelsin

die Orange

melon

die Melone

citron

die Zitrone

gulerod

die Karotte

hvidløg

der Knoblauch

bambus

der Bambus

løg

die Zwiebel

svamp

der Pilz

nødder

die Nüsse

nudler

die Nudeln

spaghetti

die Spaghetti

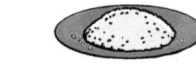

ris

der Reis

salat

der Salat

pomfritter

die Pommes frites

stegte kartofler

die Bratkartoffeln

pizza

die Pizza

hamburger

der Hamburger

sandwich

das Sandwich

schnitzel

das Schnitzel

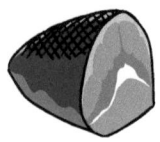

skinke

der Schinken

salami

die Salami

pølse

die Wurst

kylling

das Huhn

steg

der Braten

fisk

der Fisch

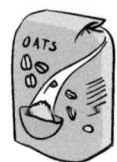

havregryn

die Haferflocken

mysli

das Müsli

cornflakes

die Cornflakes

mel

das Mehl

croissant

das Croissant

rundstykke

das Brötchen

brød

das Brot

toast

der Toast

kiks

die Kekse

smør

die Butter

kvark

der Quark

kage

der Kuchen

æg

das Ei

spejlæg

das Spiegelei

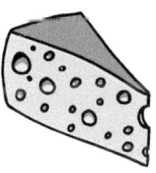

ost

der Käse

is
....
die Eiscreme

sukker
....
der Zucker

honning
....
der Honig

marmelade
....
die Marmelade

nougat-creme
....
die Nougat-Creme

karry
....
das Curry

bondegård
der Bauernhof

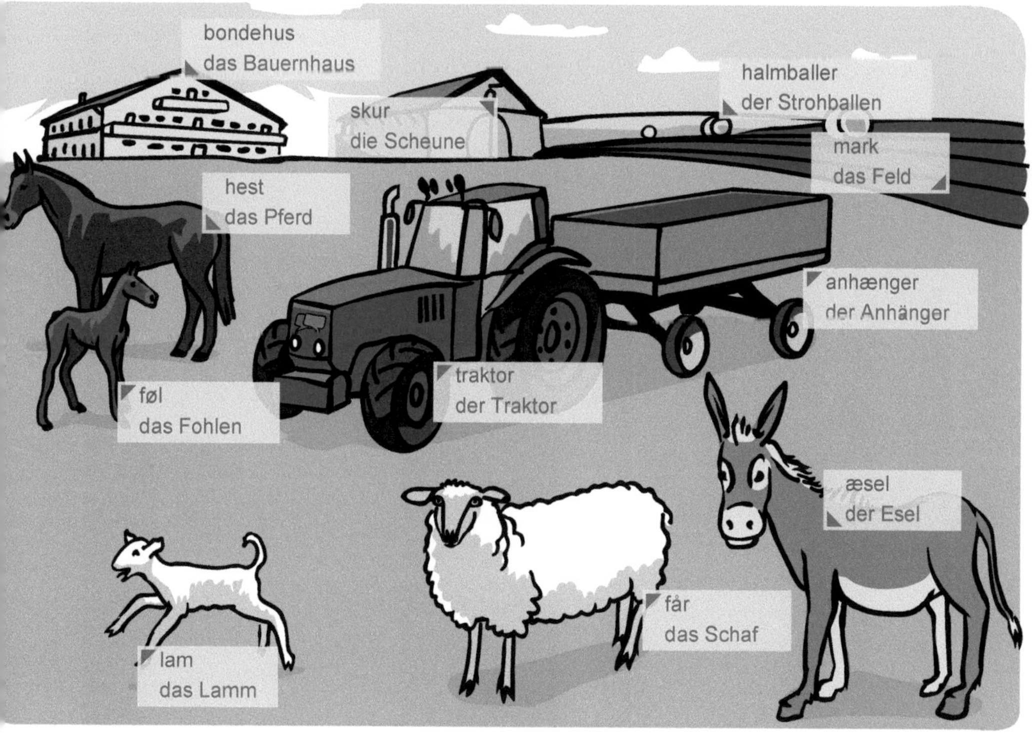

bondehus
das Bauernhaus
skur
die Scheune
halmballer
der Strohballen
mark
das Feld
hest
das Pferd
anhænger
der Anhänger
traktor
der Traktor
føl
das Fohlen
æsel
der Esel
får
das Schaf
lam
das Lamm

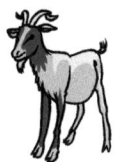

ged
die Ziege

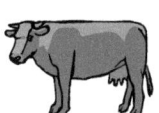

ko
die Kuh

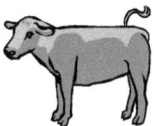

kalv
das Kalb

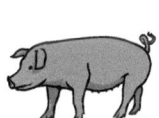

svin
das Schwein

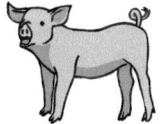

gris
das Ferkel

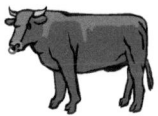

tyr
der Bulle

gås

die Gans

and

die Ente

kylling

das Küken

høne

das Huhn

hane

der Hahn

rotte

die Ratte

kat

die Katze

mus

die Maus

okse

der Ochse

hund

der Hund

hundehus

die Hundehütte

haveslange

der Gartenschlauch

vandkande

die Gießkanne

le

die Sense

plov

der Pflug

segl
die Sichel

hakkejern
die Hacke

møggreb
die Mistgabel

økse
die Axt

trillebør
die Schubkarre

trug
der Trog

mælkekande
die Milchkanne

sæk
der Sack

hæk
der Zaun

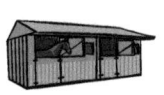

stald
der Stall

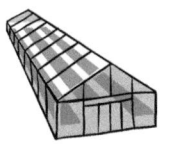

drivhus
das Treibhaus

jord
der Boden

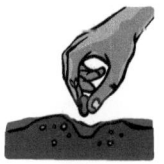

frø
die Saat

gødning
der Dünger

mejetærsker
der Mähdrescher

høste

ernten

høst

die Ernte

yams

die Yamswurzel

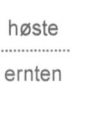

hvede

der Weizen

soja

das Soja

kartoffel

die Kartoffel

majs

der Mais

raps

der Raps

frugttræ

der Obstbaum

maniok

der Maniok

korn

das Getreide

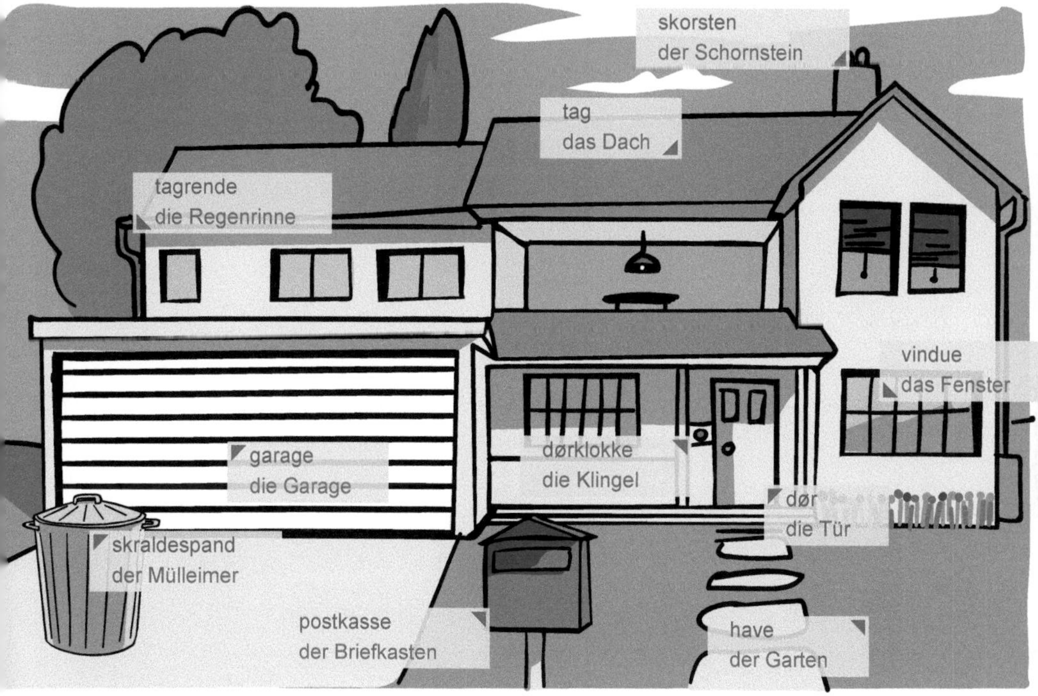

skorsten
der Schornstein

tag
das Dach

tagrende
die Regenrinne

vindue
das Fenster

garage
die Garage

dørklokke
die Klingel

dør
die Tür

skraldespand
der Mülleimer

postkasse
der Briefkasten

have
der Garten

stue

das Wohnzimmer

badeværelse

das Badezimmer

køkken

die Küche

soveværelse

das Schlafzimmer

børneværelse

das Kinderzimmer

spisestue

das Esszimmer

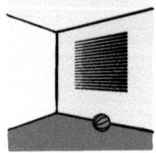

gulv

der Boden

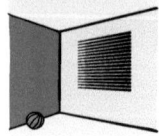

væg

die Wand

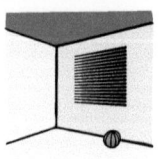

loft

die Decke

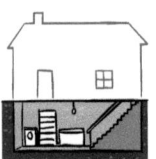

kælder

der Keller

sauna

die Sauna

altan

der Balkon

terrasse

die Terrasse

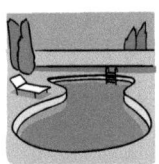

svømmehal

das Schwimmbad

plæneklipper

der Rasenmäher

dynebetræk

der Bettbezug

dyne

die Bettdecke

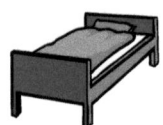

seng

das Bett

kost

der Besen

spand

der Eimer

kontakt

der Schalter

stue
das Wohnzimmer

tapet
die Tapete
billede
das Bild
lampe
die Lampe
reol
das Regal
skab
der Schrank
fjernsyn
der Fernseher
pejs
der Kamin
blomst
die Blume
pude
das Kissen
sofa
das Sofa
vase
die Vase
fjernbetjening
die Fernbedienung

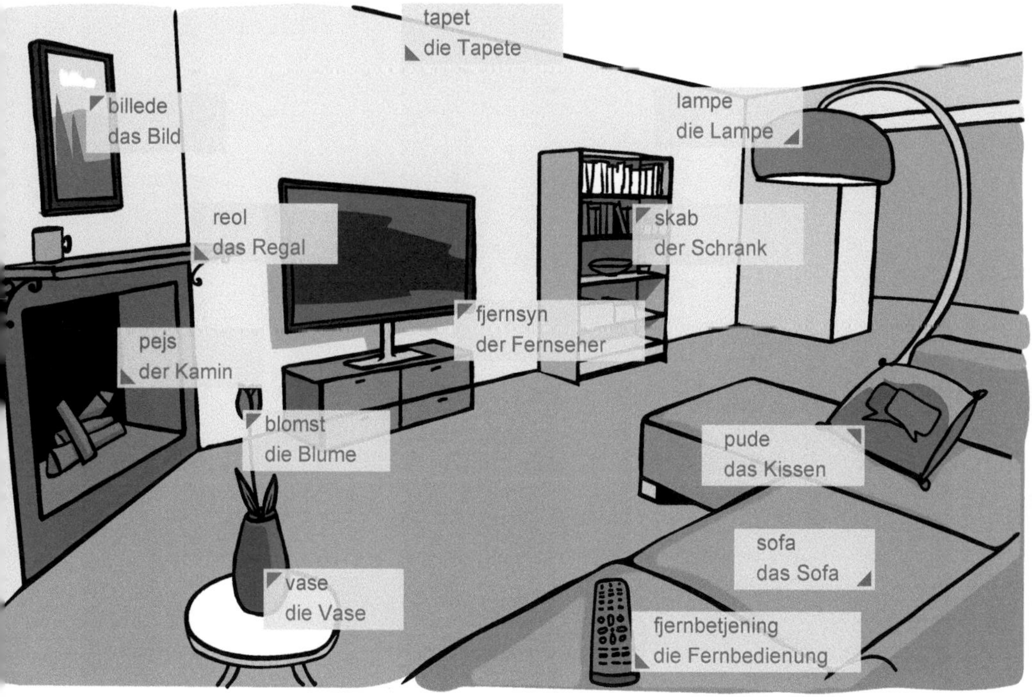

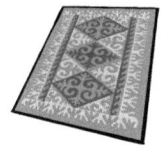

gulvtæppe
der Teppich

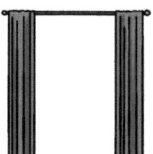

gardin
der Vorhang

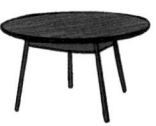

bord
der Tisch

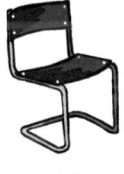

stol
der Stuhl

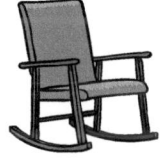

gyngestol
der Schaukelstuhl

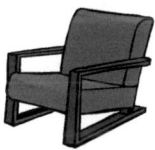

lænestol
der Sessel

bog

das Buch

tæppe

die Decke

dekoration

die Dekoration

brænde

das Feuerholz

film

der Film

stereoanlæg

die Stereoanlage

nøgle

der Schlüssel

avis

die Zeitung

maleri

das Gemälde

plakat

das Poster

radio

das Radio

notesblok

der Notizblock

støvsuger

der Staubsauger

kaktus

der Kaktus

lys

die Kerze

stue - das Wohnzimmer

køkken
die Küche

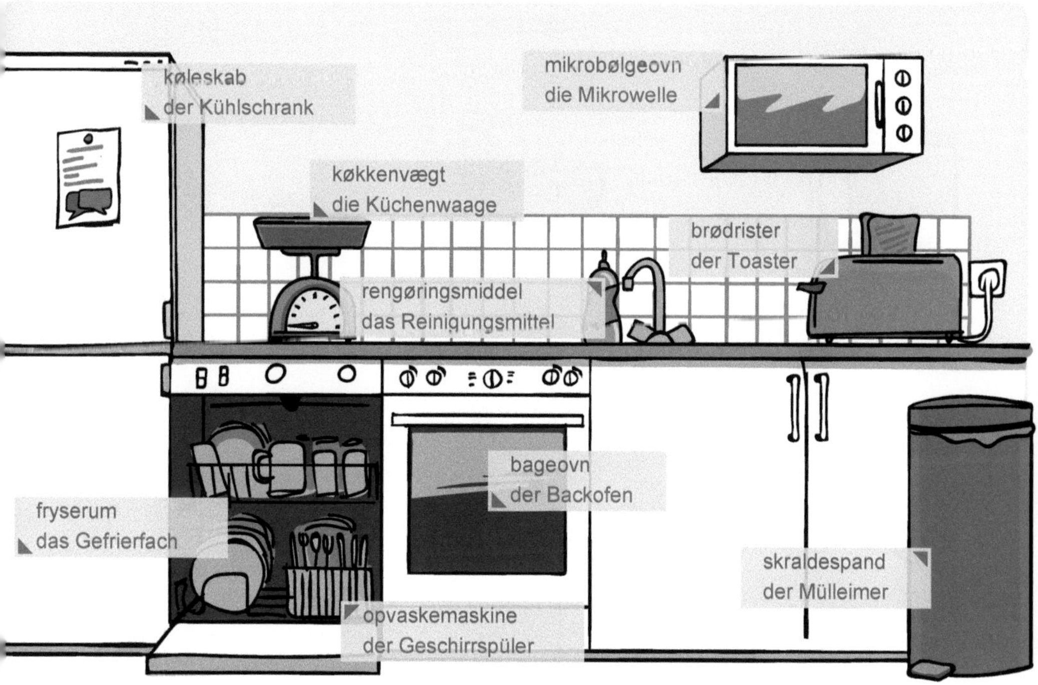

køleskab
der Kühlschrank
mikrobølgeovn
die Mikrowelle
køkkenvægt
die Küchenwaage
brødrister
der Toaster
rengøringsmiddel
das Reinigungsmittel
bageovn
der Backofen
fryserum
das Gefrierfach
skraldespand
der Mülleimer
opvaskemaskine
der Geschirrspüler

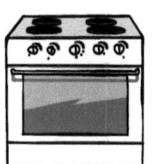

komfur

der Herd

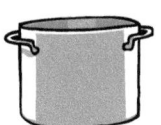

gryde

der Topf

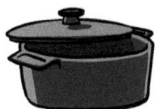

jerngryde

der Eisentopf

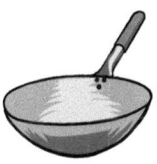

wok / kadai

der Wok / Kadai

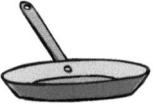

pande

die Pfanne

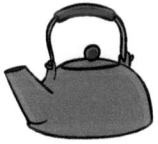

elkedel

der Wasserkocher

dampkoger

der Dampfgarer

bageplade

das Backblech

service

das Geschirr

bæger

der Becher

skål

die Schale

spisepinde

die Essstäbchen

øseske

die Suppenkelle

paletkniv

der Pfannenwender

piskeris

der Schneebesen

dørslag

das Kochsieb

si

das Sieb

rive

die Reibe

morter

der Mörser

grille

der Grill

ildsted

die Feuerstelle

skærebræt

das Schneidebrett

kagerulle

das Nudelholz

proptrækker

der Korkenzieher

dåse

die Dose

dåseåbner

der Dosenöffner

grydelap

der Topflappen

køkkenvask

das Waschbecken

børste

die Bürste

svamp

der Schwamm

blender

der Mixer

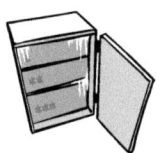

dybfryser

die Gefriertruhe

sutteflaske

die Babyflasche

vandhane

der Wasserhahn

badeværelse
das Badezimmer

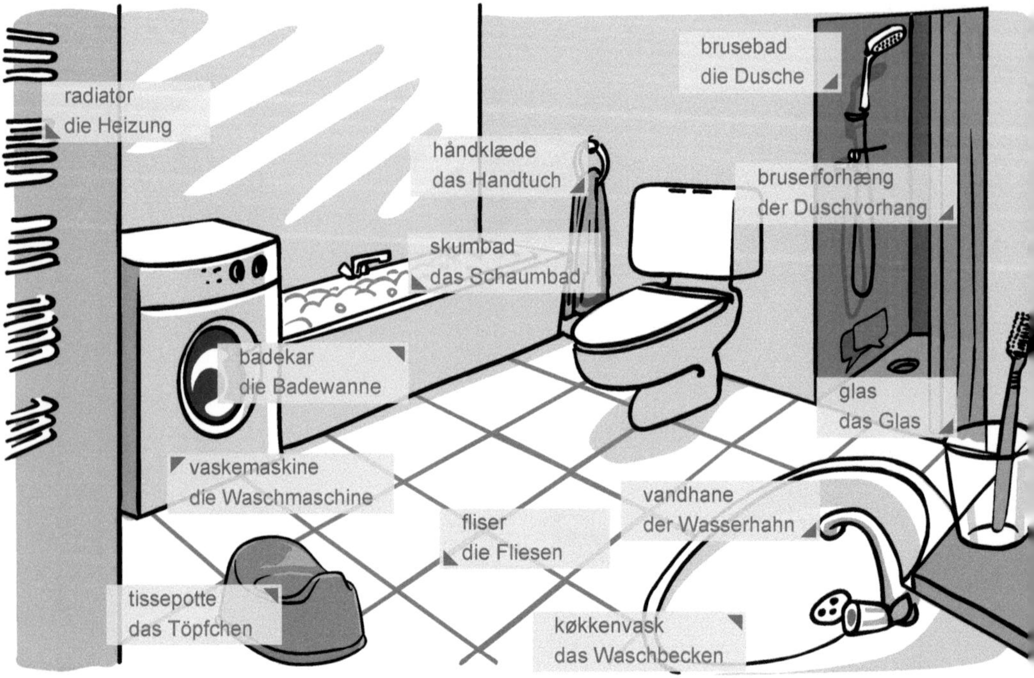

radiator
die Heizung
brusebad
die Dusche
håndklæde
das Handtuch
bruserforhæng
der Duschvorhang
skumbad
das Schaumbad
badekar
die Badewanne
glas
das Glas
vaskemaskine
die Waschmaschine
vandhane
der Wasserhahn
fliser
die Fliesen
tissepotte
das Töpfchen
køkkenvask
das Waschbecken

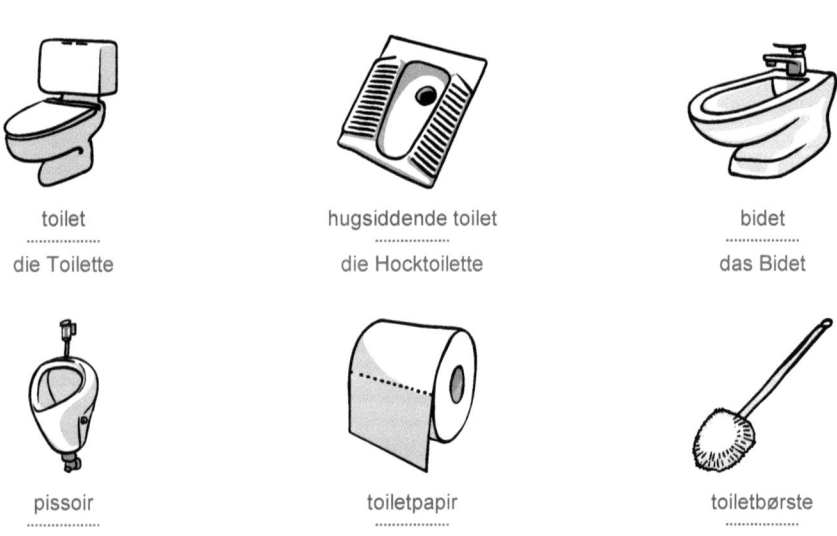

toilet

die Toilette

hugsiddende toilet

die Hocktoilette

bidet

das Bidet

pissoir

das Pissoir

toiletpapir

das Toilettenpapier

toiletbørste

die Toilettenbürste

tandbørste

die Zahnbürste

tandpasta

die Zahnpasta

tandtråd

die Zahnseide

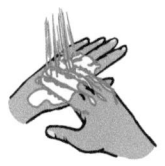

vaske

waschen

håndbruser

die Handbrause

intimbruser

die Intimdusche

vaskefad

die Waschschüssel

badebørste

die Rückenbürste

sæbe

die Seife

brusegele

das Duschgel

shampoo

das Shampoo

vaskeklud

der Waschlappen

afløb

der Abfluss

creme

die Creme

deodorant

das Deodorant

spejl

der Spiegel

kosmetikspejl

der Kosmetikspiegel

barberhøvl

der Rasierer

barberskum

der Rasierschaum

barbervand

das Rasierwasser

kam

der Kamm

børste

die Bürste

hårtørrer

der Föhn

hårspray

das Haarspray

makeup

das Makeup

læbestift

der Lippenstift

neglelak

der Nagellack

vat

die Watte

neglesaks

die Nagelschere

parfume

das Parfum

toilettaske

der Kulturbeutel

skammel

der Hocker

vægt

die Waage

badekåbe

der Bademantel

gummihandsker

die Gummihandschuhe

tampon

das Tampon

damebind

die Damenbinde

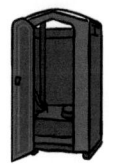

kemisk toilet

die Chemietoilette

børneværelse
das Kinderzimmer

vækkeur
der Wecker
bamse
das Kuscheltier
legetøjsbil
das Spielzeugauto
skralde
die Rassel
dukkehus
das Puppenhaus
gave
das Geschenk

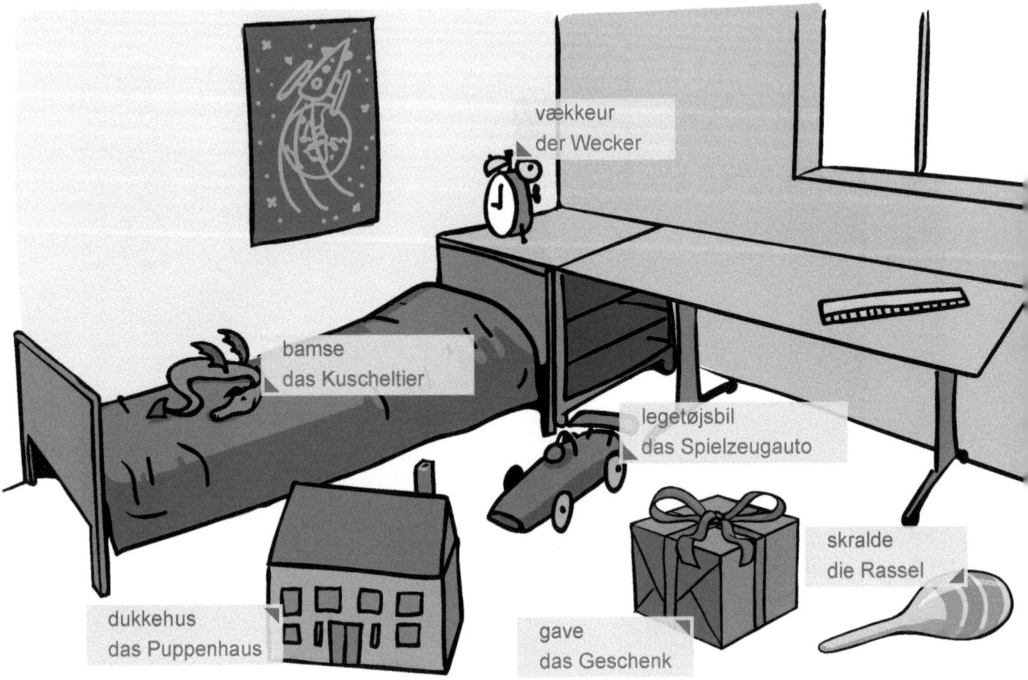

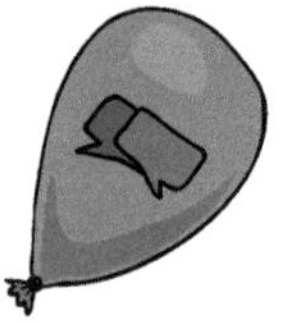

ballon

der Ballon

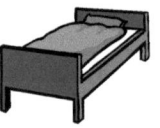

seng

das Bett

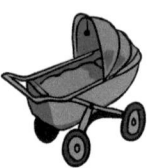

barnevogn

der Kinderwagen

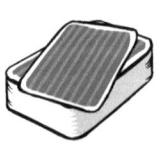

kortspil

das Kartenspiel

puslespil

das Puzzle

SUPER MEGA

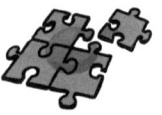

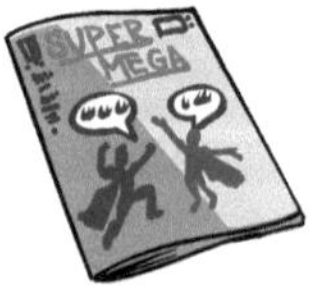

tegneserie

der Comic

legoklodser

die Legosteine

byggeklodser

die Baustcine

action figur

die Action Figur

sparkedragt

der Strampelanzug

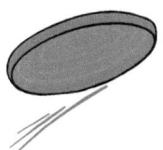

frisbee

das Frisbee

uro

das Mobile

brætspil

das Brettspiel

terning

der Würfel

modeljernbane

die Modelleisenbahn

sut

der Schnuller

fest

die Party

billedbog

das Bilderbuch

bold

der Ball

dukke

die Puppe

lege

spielen

sandkasse

der Sandkasten

gynge

die Schaukel

legetøj

das Spielzeug

spillekonsol

die Spielkonsole

trehjulet cykel

das Dreirad

bamse

der Teddy

spillekonsol

die Spielkonsole

klædeskab

der Kleiderschrank

tøj
die Kleidung

sokker

die Socken

strømper

die Strümpfe

strømpebukser

die Strumpfhose

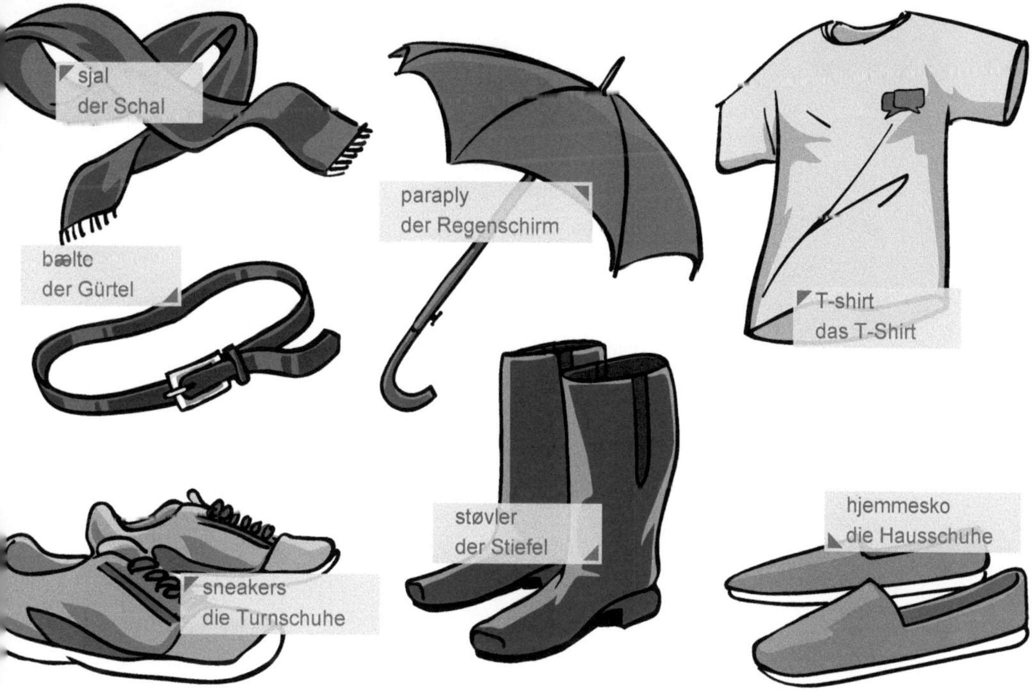

sjal
der Schal

paraply
der Regenschirm

bælte
der Gürtel

T-shirt
das T-Shirt

sneakers
die Turnschuhe

støvler
der Stiefel

hjemmesko
die Hausschuhe

sandaler

die Sandalen

sko

die Schuhe

gummistøvler

die Gummistiefel

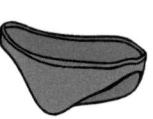

underbukser

die Unterhose

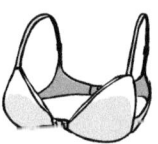

BH

der Büstenhalter

undertrøje

das Unterhemd

tøj - die Kleidung

body
....
der Body

bukser
....
die Hose

jeans
....
die Jeans

nederdel
....
der Rock

bluse
....
die Bluse

skjorte
....
das Hemd

pullover
....
der Pullover

sweatshirt
....
der Kapuzenpullover

blazer
....
der Blazer

jakke
....
die Jacke

frakke
....
der Mantel

regnfrakke
....
der Regenmantel

kostume
....
das Kostüm

kjole
....
das Kleid

brudekjole
....
das Hochzeitskleid

jakkesæt

der Anzug

nattrøje

das Nachthemd

pyjamas

der Schlafanzug

sari

der Sari

hovedtørklæde

das Kopftuch

turban

der Turban

burka

die Burka

kaftan

der Kaftan

abaya

die Abaya

badedragt

der Badeanzug

badebukser

die Badehose

korte bukser

die kurze Hose

træningsdragt

der Trainingsanzug

forklæde

die Schürze

handsker

die Handschuhe

knap

der Knopf

briller

die Brille

armbånd

das Armband

kæde

die Halskette

ring

der Ring

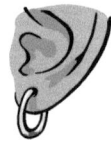

ørering

der Ohrring

hue

die Mütze

bøjle

der Kleiderbügel

hat

der Hut

slips

die Krawatte

lynlås

der Reißverschluss

hjelm

der Helm

seler

der Hosenträger

skoleuniform

die Schuluniform

uniform

die Uniform

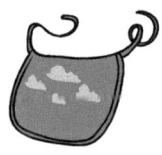

hagesmæk

das Lätzchen

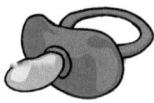

sut

der Schnuller

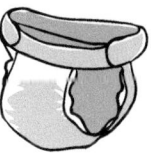

ble

die Windel

kontor
das Büro

server
der Server
arkivskab
der Aktenschrank
papir
das Papier
printer
der Drucker
skærm
der Monitor
mus
die Maus
skrivebord
der Schreibtisch
mappe
der Ordner
tastatur
die Tastatur
papirkurv
der Papierkorb
computer
der Computer
stol
der Stuhl

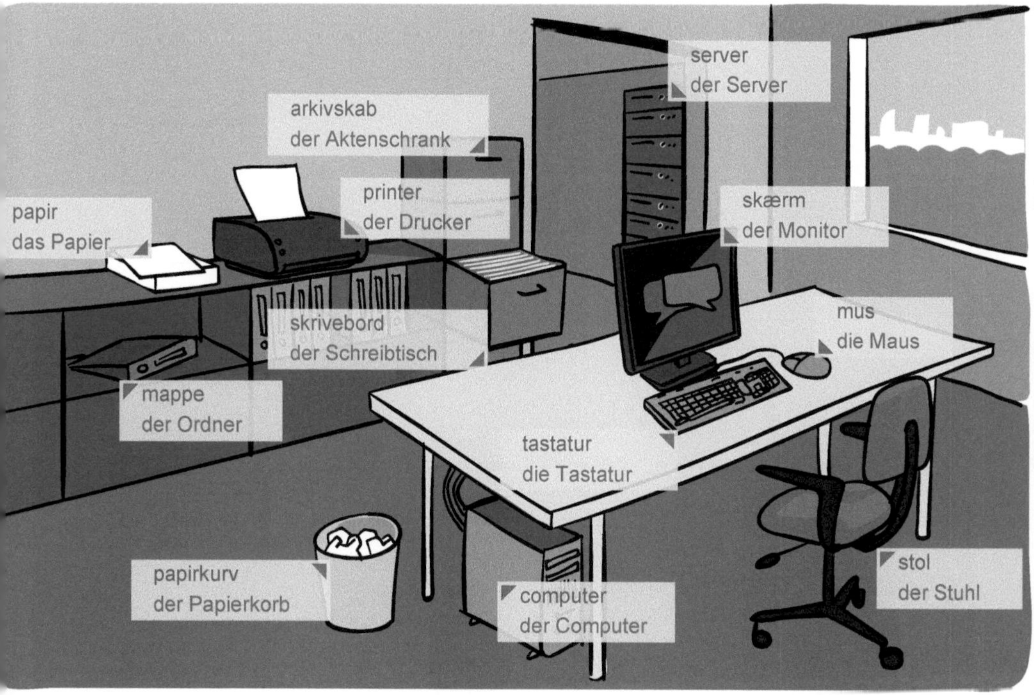

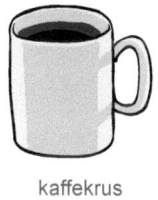

kaffekrus

der Kaffeebecher

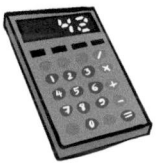

lommeregner

der Taschenrechner

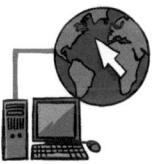

internet

das Internet

bærbar

der Laptop

brev

der Brief

besked

die Nachricht

mobil

das Handy

netværk

das Netzwerk

kopimaskine

der Kopierer

software

die Software

telefon

das Telefon

stikdåse

die Steckdose

fax

das Fax

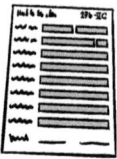

formular

das Formular

dokument

das Dokument

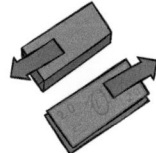

købe

kaufen

betale

bezahlen

handle

handeln

penge

das Geld

dollar

der Dollar

euro

der Euro

yen

der Yen

rubel

der Rubel

schweizerfranc

der Franken

renminbi yuan

der Renminbi Yuan

rupee

die Rupie

hæveautomat

der Geldautomat

vekselkontor

die Wechselstube

guld

das Gold

sølv

das Silber

olie

das Öl

energi

die Energie

pris

der Preis

kontrakt

der Vertrag

skat

die Steuer

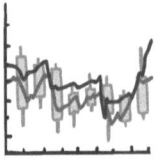

aktie

die Aktie

arbejde

arbeiten

ansat

der Angestellte

arbejdsgiver

der Arbeitgeber

fabrik

die Fabrik

butik

das Geschäft

erhverv
die Berufe

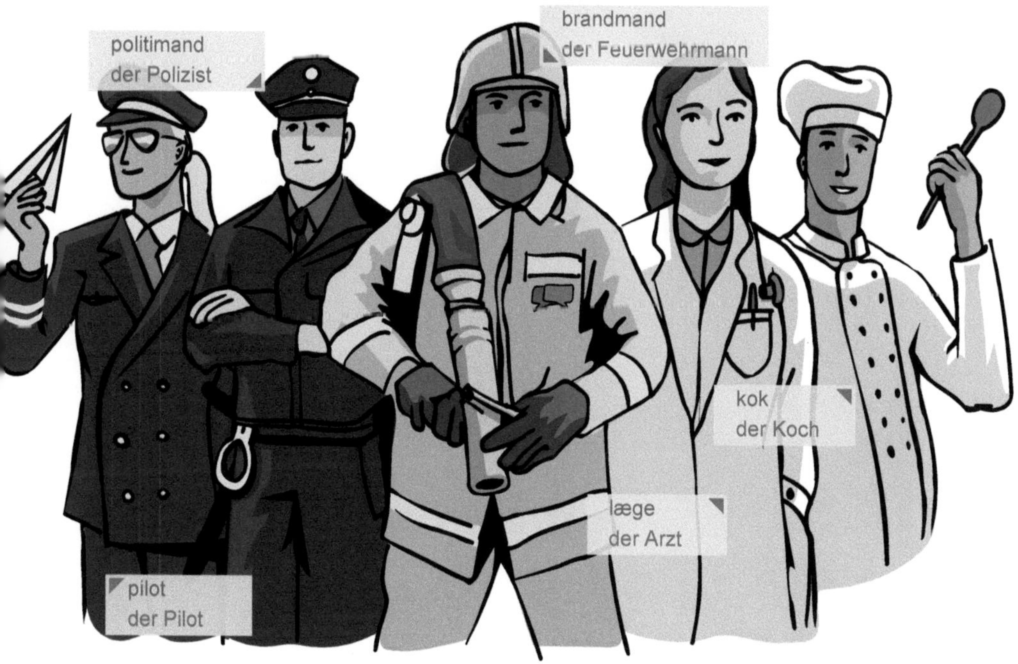
politimand
der Polizist
brandmand
der Feuerwehrmann
kok
der Koch
læge
der Arzt
pilot
der Pilot

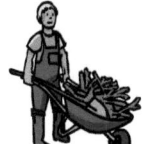

gartner
der Gärtner

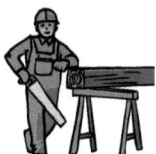

tømrer
der Tischler

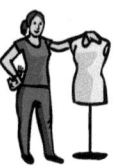

syerske
die Näherin

dommer
der Richter

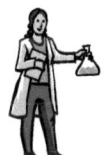

kemiker
der Chemiker

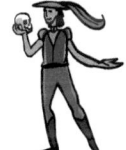

skuespiller
der Schauspieler

buschauffør

der Busfahrer

taxachauffør

der Taxifahrer

fisker

der Fischer

rengøringskone

die Putzfrau

tagdækker

der Dachdecker

tjener

der Kellner

jæger

der Jäger

maler

der Maler

bager

der Bäcker

elektriker

der Elektriker

bygningsarbejder

der Bauarbeiter

ingeniør

der Ingenieur

slagter

der Schlachter

vvs-mand

der Klempner

postbud

der Postbote

soldat

der Soldat

arkitekt

der Archltekt

kasserer

der Kassierer

blomsterhandler

der Florist

frisør

der Friseur

togfører

der Schaffner

mekaniker

der Mechaniker

kaptajn

der Kapitän

tandlæge

der Zahnarzt

videnskabsmand

der Wissenschaftler

rabbiner

der Rabbi

imam

der Imam

munk

der Mönch

præst

der Geistliche

værktøj
die Werkzeuge

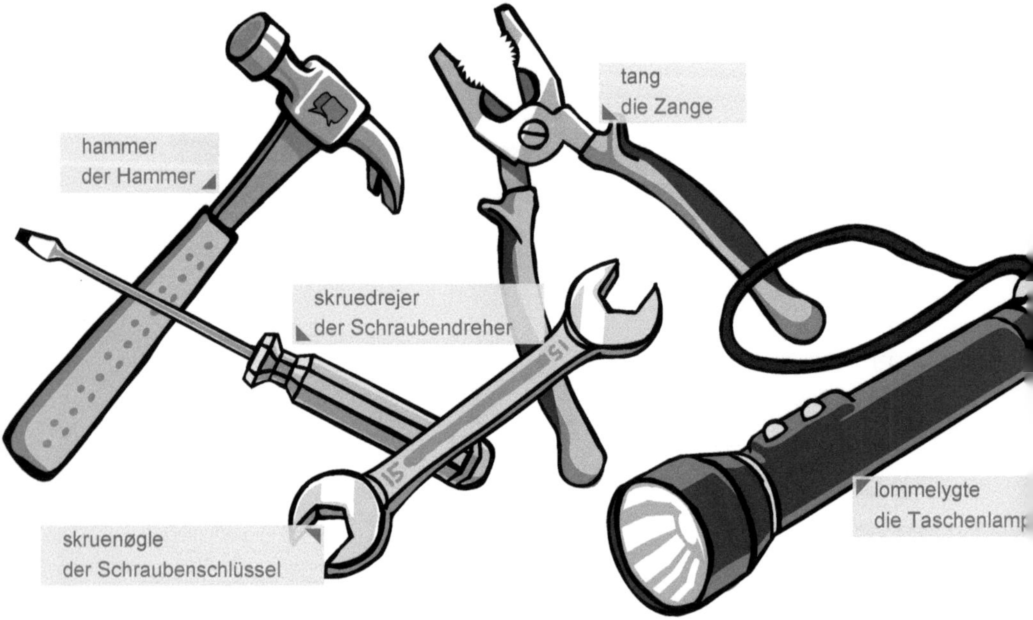
tang
die Zange
hammer
der Hammer
skruedrejer
der Schraubendreher
lommelygte
die Taschenlamp
skruenøgle
der Schraubenschlüssel

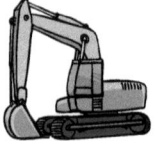

gravemaskine

der Bagger

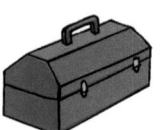

værktøjskasse

der Werkzeugkasten

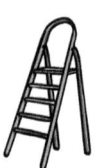

stige

die Leiter

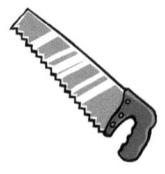

sav

die Säge

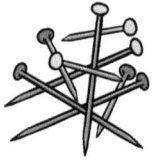

søm

die Nägel

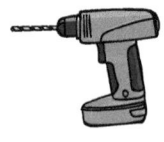

bor

der Bohrer

reparere

reparieren

skovl

die Schaufel

Lort!

Mist!

fejebakke

das Kehrblech

malerspand

der Farbtopf

skruer

die Schrauben

musikinstrumenter
die Musikinstrumente

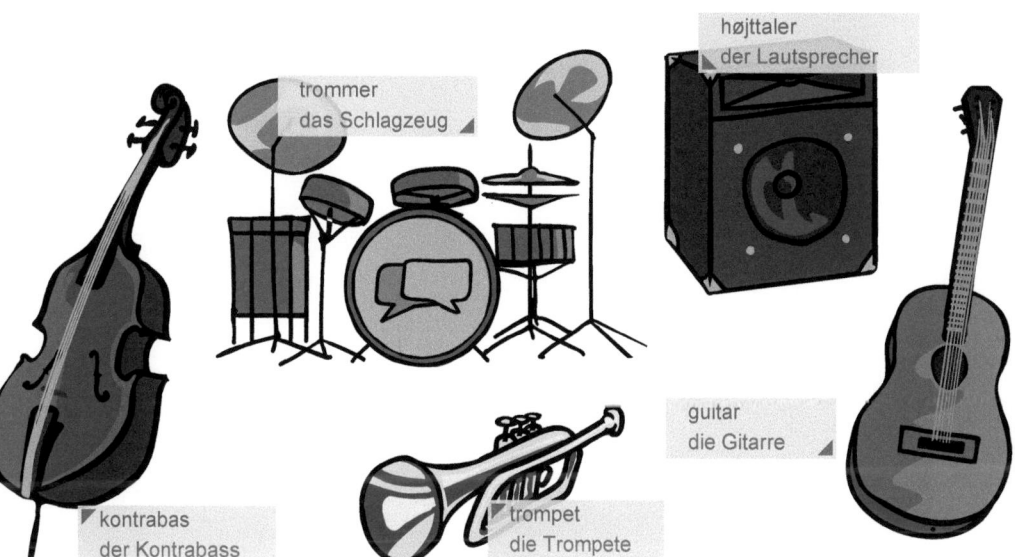

hø48ttaler
der Lautsprecher

trommer
das Schlagzeug

kontrabas
der Kontrabass

trompet
die Trompete

guitar
die Gitarre

klaver

das Klavier

violin

die Violine

bas

der Bass

pauke

die Pauke

tromme

die Trommeln

keyboard

das Keyboard

saxofon

das Saxophon

fløjte

die Flöte

mikrofon

das Mikrofon

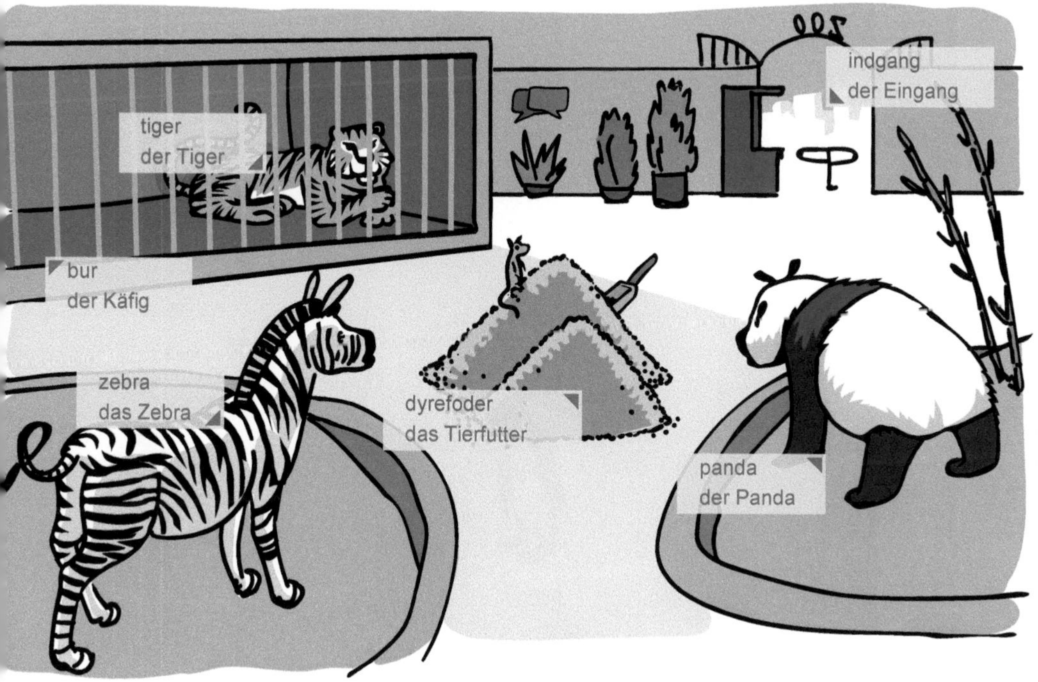

tiger
der Tiger

indgang
der Eingang

bur
der Käfig

zebra
das Zebra

dyrefoder
das Tierfutter

panda
der Panda

dyr

die Tiere

elefant

der Elefant

kænguru

das Känguruh

næsehorn

das Nashorn

gorilla

der Gorilla

bjørn

der Bär

kamel

das Kamel

struds

der Strauß

løve

der Löwe

abe

der Affe

flamingo

der Flamingo

papegøje

der Papagei

isbjørn

der Eisbär

pingvin

der Pinguin

haj

der Hai

påfugl

der Pfau

slange

die Schlange

krokodille

das Krokodil

dyrepasser

der Zoowärter

sæl

die Robbe

jaguar

der Jaguar

zoo - der Zoo

pony

das Pony

leopard

der Leopard

flodhest

das Nilpferd

giraf

die Giraffe

ørn

der Adler

vildsvin

das Wildschwein

fisk

der Fisch

skildpadde

die Schildkröte

hvalros

das Walross

ræv

der Fuchs

gazelle

die Gazelle

amerikansk football
das American Football

cykling
das Radfahren

tennis
das Tennis

basketball
der Basketball

svømning
das Schwimmen

boksning
das Boxen

ishockey
das Eishockey

fodbold
der Fußball

badminton
das Badminton

atletik
die Leichtathletik

håndbold
der Handball

skiløb
das Skilaufen

polo
das Polo

aktiviteter
die Aktivitäten

grine
lachen
springe
springen
give et knus
umarmen
gå
gehen
synge
singen
drømme
träumen
bede
beten
kysse
küssen

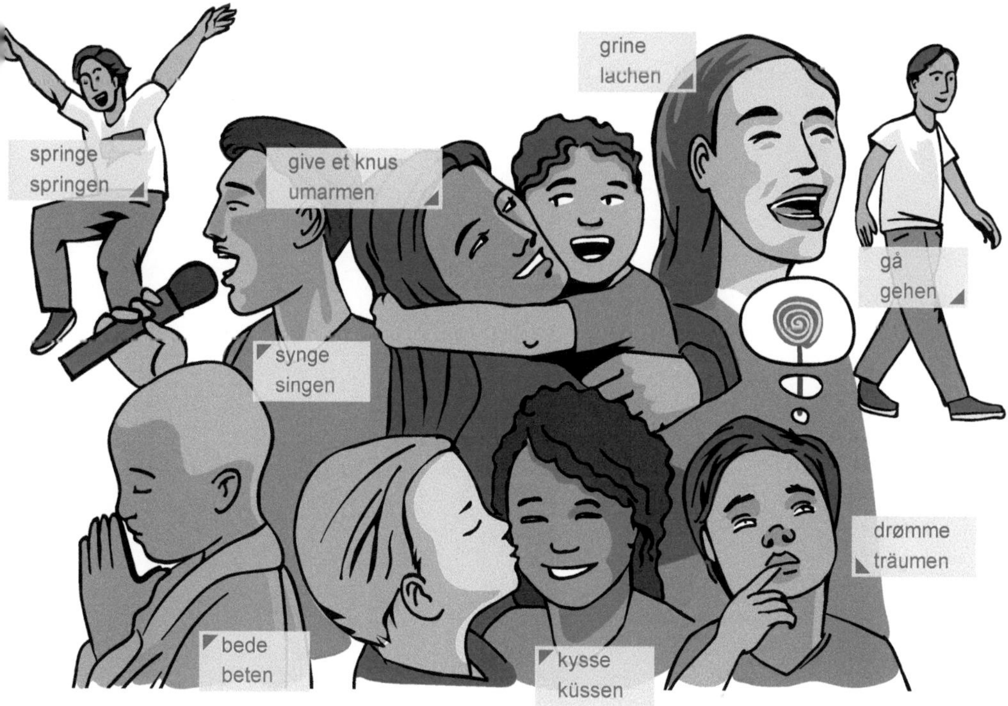

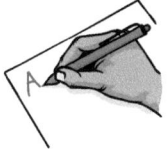

skrive

schreiben

tegne

zeichnen

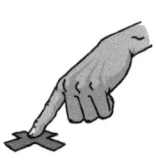

vise

zeigen

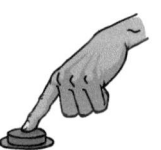

skubbe

drücken

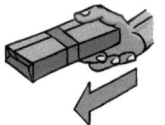

give

geben

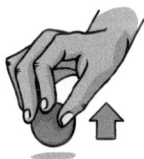

tage

nehmen

have
....
haben

gøre
....
tun

være
....
sein

stå
....
stehen

løbe
....
laufen

trække
....
ziehen

kaste
....
werfen

falde
....
fallen

ligge
....
liegen

vente
....
warten

bære
....
tragen

sidde
....
sitzen

tage på
....
anziehen

sove
....
schlafen

vågne
....
aufwachen

se på
ansehen

græde
welnen

ae
streicheln

kæmme
kämmen

tale
reden

forstå
verstehen

spørge
fragen

høre
hören

drikke
trinken

spise
essen

rydde op
aufräumen

elske
lieben

koge
kochen

køre
fahren

flyve
fliegen

aktiviteter - die Aktivitäten

sejle

segeln

regne

rechnen

læse

lesen

lære

lernen

arbejde

arbeiten

gifte sig med

heiraten

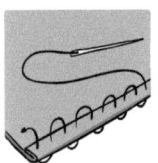

sy

nähen

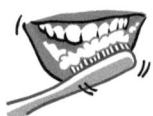

børste tænder

Zähne putzen

dræbe

töten

ryge

rauchen

sende

senden

bedstemor
die Großmutter

bedstefar
der Großvater

far
der Vater

mor
die Mutter

baby
das Baby

datter
die Tochter

søn
der Sohn

gæst

der Gast

tante

die Tante

onkel

der Onkel

bror

der Bruder

søster

die Schwester

krop

der Körper

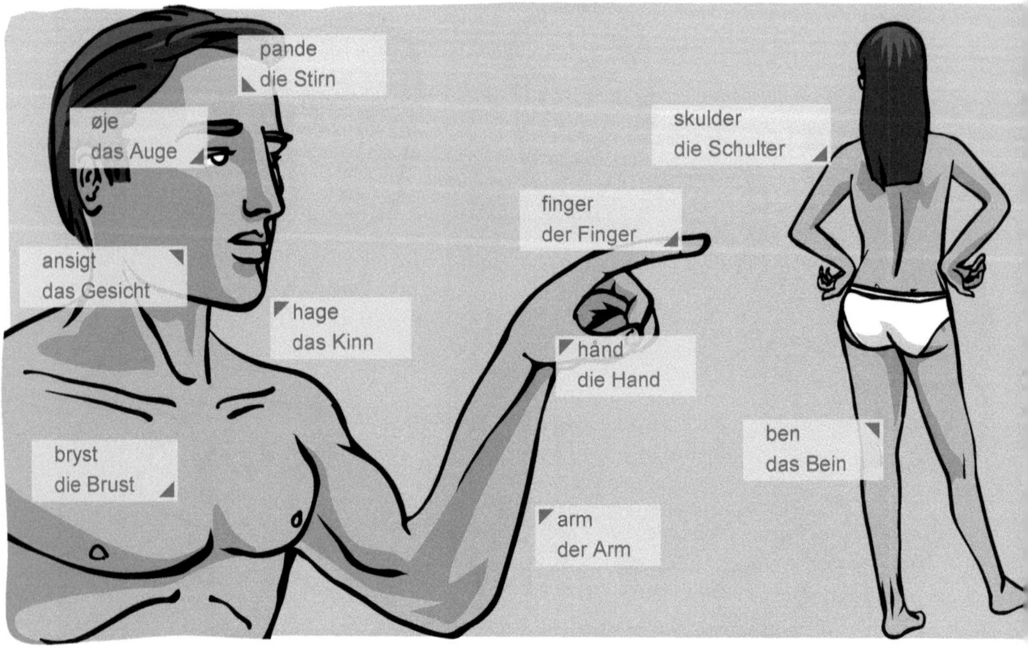

pande
▶ die Stirn

øje
das Auge ◢

skulder
die Schulter ◢

finger
der Finger ▶

ansigt
das Gesicht ◣

hage
▶ das Kinn

hånd
▶ die Hand

bryst
die Brust ◢

ben
das Bein ◣

arm
▶ der Arm

baby
....
das Baby

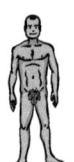

mand
....
der Mann

kvinde
....
die Frau

pige
....
das Mädchen

dreng
....
der Junge

hoved
....
der Kopf

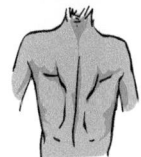

ryg

der Rücken

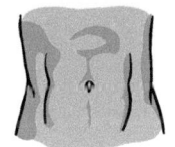

mave

der Bauch

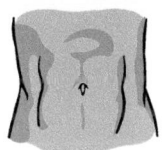

navle

der Nabel

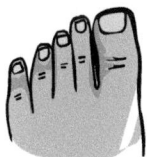

tå

der Zeh

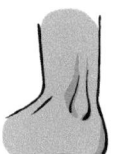

hæl

die Ferse

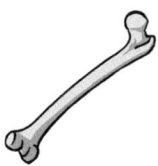

knogle

der Knochen

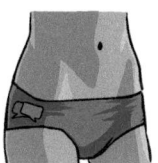

hofte

die Hüfte

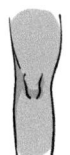

knæ

das Knie

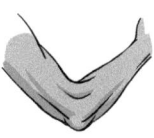

albue

der Ellenbogen

næse

die Nase

bagdel

das Gesäß

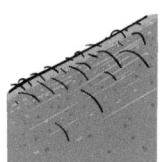

hud

die Haut

kind

die Wange

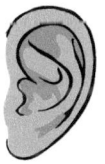

øre

das Ohr

læbe

die Lippe

krop - der Körper

mund

der Mund

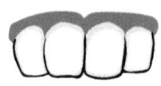

tand

der Zahn

tunge

die Zunge

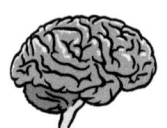

hjerne

das Gehirn

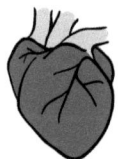

hjerte

das Herz

muskel

der Muskel

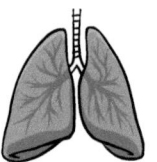

lunge

die Lunge

lever

die Leber

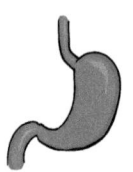

mavesæk

der Magen

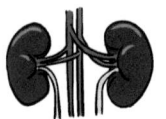

nyrer

die Nieren

sex

der Geschlechtsverkehr

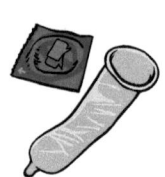

kondom

das Kondom

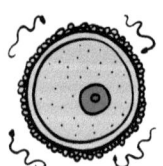

ægcelle

die Eizelle

sperm

das Sperma

svangerskab

die Schwangerschaft

krop - der Körper

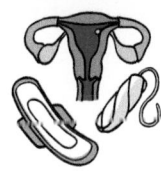

menstruation

die Menstruation

vagina

dic Vagina

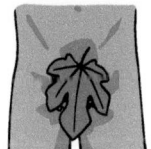

penis

der Penis

øjenbryn

die Augenbraue

hår

das Haar

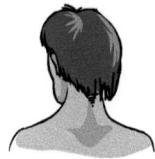

hals

der Hals

sygehus
das Krankenhaus

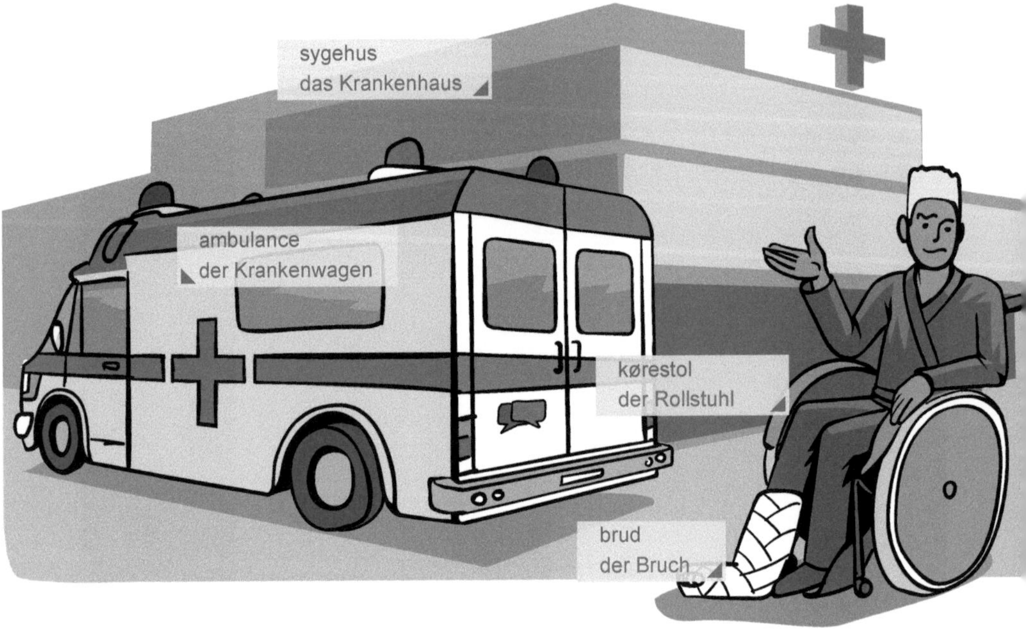

sygehus
das Krankenhaus
ambulance
der Krankenwagen
kørestol
der Rollstuhl
brud
der Bruch

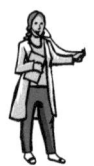

læge
der Arzt

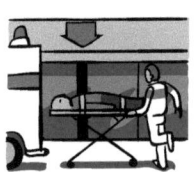

akutmodtagelse
die Notaufnahme

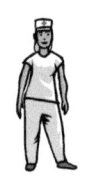

sygeplejerske
die Krankenschwester

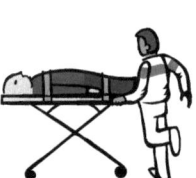

nødstilfælde
der Notfall

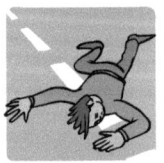

bevidstløs
ohnmächtig

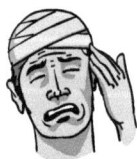

smerte
der Schmerz

skade

die Verletzung

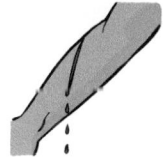

blødning

die Blutung

hjerteinfarkt

der Herzinfarkt

slagtilfælde

der Schlaganfall

allergi

die Allergie

hoste

der Husten

feber

das Fieber

influenza

die Grippe

diarré

der Durchfall

hovedpine

die Kopfschmerzen

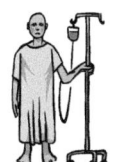

kræft

der Krebs

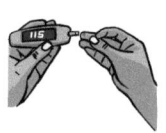

diabetes

die Diabetis

kirurg

der Chirurg

skalpel

das Skalpell

operation

die Operation

sygehus - das Krankenhaus   73

CT

das CT

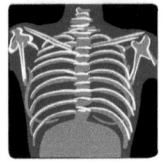

røntgen

das Röntgen

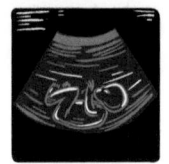

ultralyd

das Ultraschall

maske

die Maske

sygdom

die Krankheit

venteværelse

das Wartezimmer

krykke

die Krücke

plaster

das Pflaster

forbinding

der Verband

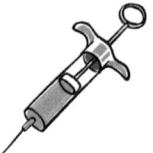

injektion

die Injektion

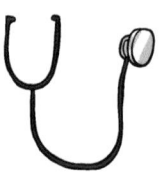

stetoskop

das Stethoskop

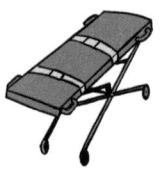

båre

die Trage

termometer

das Thermometer

fødsel

die Geburt

overvægt

das Übergewicht

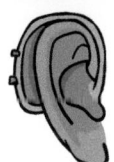

høreapparat

das Hörgerät

desinficerende middel

das Desinfektionsmittel

infektion

die Infektion

virus

das Virus

HIV / AIDS

das HIV / AIDS

medicin

die Medizin

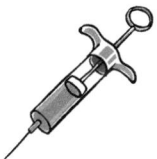

vaccination

die Impfung

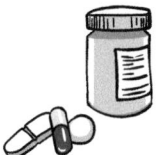

tabletter

die Tabletten

pille

die Pille

nødopkald

der Notruf

blodtryksmåler

das Blutdruck-Messgerät

syg / rask

krank / gesund

Hjælp!

Hilfe!

alarm

der Alarm

overfald

der Überfall

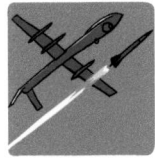

angreb

der Angriff

fare

die Gefahr

nødudgang

der Notausgang

Det brænder!

Feuer!

ildslukker

der Feuerlöscher

uheld

der Unfall

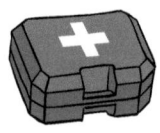

førstehjælps-kuffert

der Erste-Hilfe-Koffer

SOS

SOS

politi

die Polizei

Europa

das Europa

Nordamerika

das Nordamerika

Sydamerika

das Südamerika

Afrika

das Afrika

Asien

das Asien

Australien

das Australien

Atlanterhavet

der Atlantik

Stillehavet

der Pazifik

Indiske Ocean

der Indische Ozean

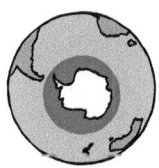

Sydlige Ishav

der Antarktische Ozean

Ishav

der Arktische Ozean

Nordpol

der Nordpol

Sydpol

der Südpol

Antarktis

die Antarktis

Jorden

die Erde

land

das Land

hav

das Meer

ø

die Insel

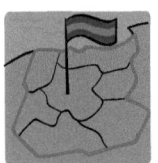

nation

die Nation

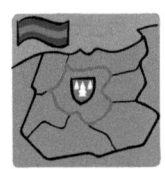

stat

der Staat

urskive

das Zifferblatt

timeviser

der Stundenzeiger

minutviser

der Minutenzeiger

sekundviser

der Sekundenzeiger

Hvad er klokken?

Wie spät ist es?

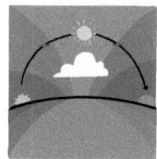

dag

der Tag

tid

die Zeit

nu

jetzt

digitalur

die Digitaluhr

minut

die Minute

time

die Stunde

uge

die Woche

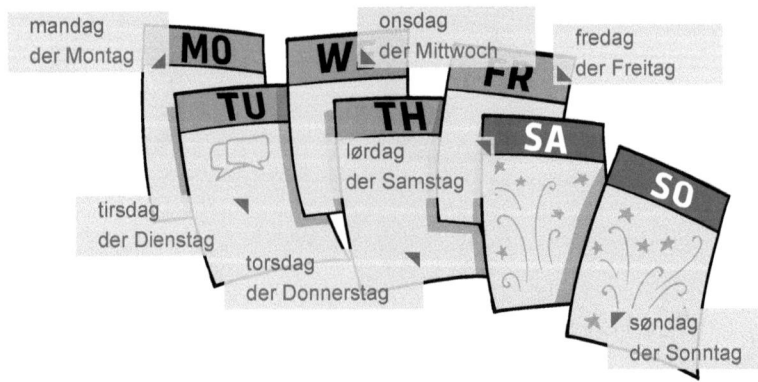

mandag
der Montag

onsdag
der Mittwoch

fredag
der Freitag

tirsdag
der Dienstag

lørdag
der Samstag

torsdag
der Donnerstag

søndag
der Sonntag

i går

gestern

i dag

heute

i morgen

morgen

morgen

der Morgen

middag

der Mittag

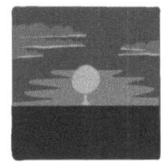

aften

der Abend

arbejdsdage

die Arbeitstage

weekend

das Wochenende

år
das Jahr

regnbue
der Regenbogen
regn
der Regen
sne
der Schnee
vind
der Wind
forår
der Frühling
efterår
der Herbst
sommer
der Sommer
vinter
der Winter

4.APRIL 11°
5.APRIL 4°
6.APRIL 13°
7.APRIL 8°
8.APRIL 10°

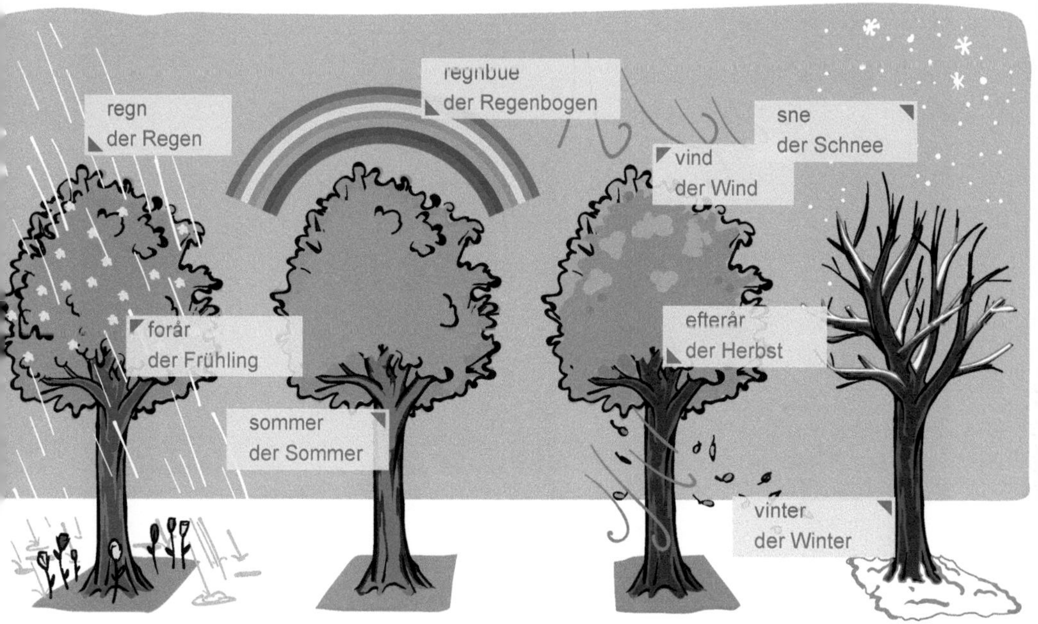

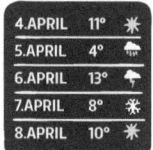

vejrudsigt

die Wettervorhersage

F
C
120
90
60
30
0
-30
40
30
20
10
0
-10
-20

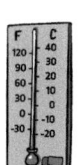

termometer

das Thermometer

solskin

der Sonnenschein

sky

die Wolke

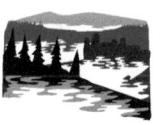

tåge

der Nebel

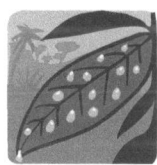

luftfugtighed

die Luftfeuchtigkeit

lyn

der Blitz

torden

der Donner

storm

der Sturm

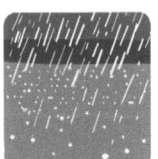

hagl

der Hagel

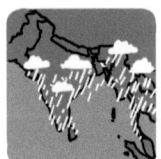

monsun

der Monsun

flod

die Flut

is

das Eis

januar

der Januar

februar

der Februar

marts

der März

april

der April

maj

der Mai

juni

der Juni

juli

der Juli

august

der August

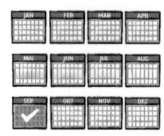

september
....
der September

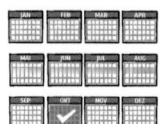

oktober
....
der Oktober

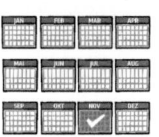

november
....
der November

december
....
der Dezember

former
die Formen

cirkel
....
der Kreis

kvadrat
....
das Quadrat

firkant
....
das Rechteck

trekant
....
das Dreieck

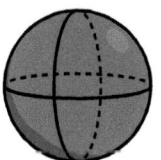

kugle
....
die Kugel

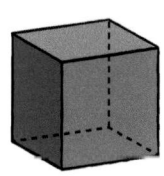

terning
....
der Würfel

hvid

weiß

gul

gelb

orange

orange

pink

pink

rød

rot

lilla

lila

blå

blau

grøn

grün

brun

braun

grå

grau

sort

schwarz

meget / lidt

viel / wenig

rasende / fredelig

wütend / friedlich

smuk / grim

hübsch / hässlich

begyndelse / slut

der Anfang / das Ende

stor / lille

groß / klein

lys / mørk

hell / dunkel

bror / søster

der Bruder / die Schwester

ren / snavset

sauber / schmutzig

fuldkommen / ufuldkommen

vollständig / unvollständig

dag / nat

der Tag / die Nacht

død / levende

tot / lebendig

bred / smal

breit / schmal

spiselig / uspiselig

genießbar / ungenießbar

vred / venlig

böse / freundlich

ophidset / kedet

aufgeregt / gelangweilt

tyk / tynd

dick / dünn

først / sidst

zuerst / zuletzt

ven / fjende

der Freund / der Feind

fuld / tom

voll / leer

hård / blød

hart / weich

tung / let

schwer / leicht

sult / tørst

der Hunger / der Durst

syg / rask

krank / gesund

illegal / legal

illegal / legal

intelligent / dum

intelligent / dumm

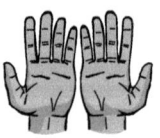

venstre / højre

links / rechts

nær / fjern

nah / fern

ny / brugt

neu / gebraucht

intet / noget

nichts / etwas

gammel / ung

alt / jung

tændt / slukket

an / aus

åben / lukket

offen / geschlossen

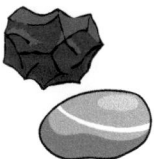

stille / højt

leise / laut

rig / fattig

reich / arm

rigtig / forkert

richtig / falsch

ru / glat

rau / glatt

ked af det / lykkelig

traurig / glücklich

kort / lang

kurz / lang

langsom / hurtig

langsam / schnell

våd / tør

nass / trocken

varm / kold

warm / kühl

krig / fred

der Krieg / der Frieden

0

nul

null

1

en

eins

2

to

zwei

3

tre

drei

4

fire

vier

5

fem

fünf

6

seks

sechs

7

syv

sieben

8

otte

acht

9

ni

neun

10

ti

zehn

11

elleve

elf

12
tolv

zwölf

13
tretten

dreizehn

14
fjorten

vierzehn

15
femten

fünfzehn

16
seksten

sechzehn

17
sytten

siebzehn

18
atten

achtzehn

19
nitten

neunzehn

20
tyve

zwanzig

100
hundrede

hundert

1.000
tusinde

tausend

1.000.000
million

million

engelsk

Englisch

amerikansk engelsk

Amerikanisches Englisch

kinesisk mandarin

Chinesisch Mandarin

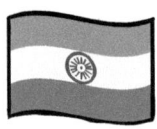

hindi

Hindi

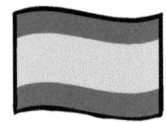

spansk

Spanisch

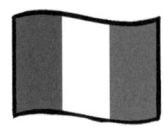

fransk

Französisch

arabisk

Arabisch

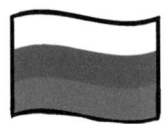

russisk

Russisch

portugisisk

Portugiesisch

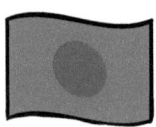

bengalsk

Bengalisch

tysk

Deutsch

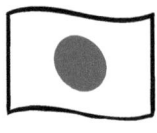

japansk

Japanisch

jeg

ich

du

du

han / hun / den / det

er / sie / es

vi

wir

I

ihr

de

sie

hvem?

wer?

hvad?

was?

hvordan?

wie?

hvor?

wo?

hvornår?

wann?

navn

Name

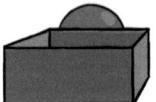

bag
....
hinter

i
....
in

foran
....
vor

over
....
über

på
....
auf

under
....
unter

ved siden af
....
neben

imellem
....
zwischen

sted
....
der Ort